GEDANKEN

Monika Tillert

GEDANKEN

Jeder Mensch hat das Recht geliebt zu werden

Bibliografische Information der Deutschen Nationalbibliothek:
Die Deutsche Nationalbibliothek verzeichnet diese Publikation in der Deutschen
Nationalbibliografie; detaillierte bibliografische Daten sind im Internet
über http://dnb.d-nb.de abrufbar

© 2013

Herstellung und Verlag: BoD - Books on Demand GmbH, Norderstedt

ISBN: 9783844817157

Worte und Tränen machen frei

Dankeschön

an

HELGA
HEIDI
NICO

Ihr habt mich ermutigt
meine Gednken
ans Licht zu bringen

BIO GRAFIE

Elternglück
Das schönste auf Erden
Freuen auf den ersten Sohn

Wie konnte ich nur ein Mädchen werden
Eine Schande für Vaters Thron

Unschuldig geboren und ungeliebt
Einfach nicht gut genug
Ich wollte stets, dass er mir vergibt

Diesen Fehler - Meinen Betrug

Viel später im Leben erst wurde mir klar
Das er mit sich selbst nicht zufrieden war

Heute würde ich ihm gerne noch sagen

Man macht keine
    Jungen aus Mädchen
        durch Schlagen

TRÄUME

Träume die die Seele fressen

Ungeschlafen war die Nacht

Hoffen, alles zu vergessen

Was Dich oft so traurig macht

Viele Bilder, die Dich Quälen

Antworten sind keine da

Ist das, was sie Dir erzählen

Nur ein Traum, der wirklich war

KREBS

Warum diese Krankheit
Warum gerade Du
Es gab keine Antwort
Der Krebs war tabu

Hab ihn gehasst
Du warst noch so jung
Langsam verblasst
Die Erinnerung

Isolation
Durfte nicht zu Dir
Konfrontation
Gab es täglich mit mir

Wollt Dich umarmen
Gern bei Dir sein
Stand vor der Tür
Er liess mich nicht rein

Du fehlst mir - vermiss Dich
Kann nicht sagen wie

Geliebte Mutti
        Vergesse Dich nie

HASS

Was hat Dich nur so hart gemacht
Wer hat Dein Glück zerstört
Als Kind hast Du so gern gelacht
Wann hat das aufgehört

Hass frisst die Gefühle auf
Macht Deine Seele kalt
Du nimmst die Einsamkeit in Kauf
Und traurig wirst Du alt

Lass das nicht zu - verlass den Weg
Schau nicht im Zorn zurück
Verzeih Dir selbst und anderen

Dann findest Du Dein Glück

PRIORITÄTEN

Nun ist es Dir passiert, liebes Kind
Ich hätte es dir so gerne erspart

Zu erleben, dass andere wichtiger
sind
Als das eigene Blut - ich weiß, das
ist hart

Tapfer lächeln, Gefühle nicht zeigen
Tränen nicht weinen - irgendwie

Gedanken denken und leise
schweigen
          Doch Tränen der Seele
trocknen nie

STOLZ

Niemand würde es verstehen

Und Niemand weiss Bescheid

Du liesst mich durch die Hölle gehen

Egal war dir mein Leid

Heut sehe ich hindurch durch dich

Gedanken schweigen still

Dein falsches Lächeln reizt mich nicht

Weil es mein Stolz so will

蛇

NUR DU

Du bist auch nach vielen Jahren
Die grosse Liebe für mich
Ich kann´s nicht oft genug sagen
Was wäre ich ohne Dich

Du

Bist mein Leben
Ich liebe Dich

HELGA

Du bist mein Halt in dieser Welt
Bedeutest mir viel Glück
Freundschaft die auf ewig hält
Nicht für den Augenblick

Wie selbstverständlich bist Du da
Und das schon jahrelang

Das, was Du sagst ist immer wahr
Von ganzem Herzen Dank

Ich bin sehr froh, das es Dich gibt
Und will Dich niemals missen

Die beste Freundin, die es gibt

Das sollst du, musst Du wissen

Und sind Freunde wie Sterne

Nicht immer zu sehen
Aber da

Strahlst Du für mich
So hell und so klar

Danke

NOVEMBER BLUES

Heller Sonnenschein
Dunkelheit in mir
Bin ganz allein
alle sind hier

Um mich rundherum
Fröhliches Lachen
In mir alles stumm
Was kann ich machen

Würde gerne Weinen
Ganz ohne Grund
Würde gerne schrein
Habe keinen Mund

Kann nichts erkennen
In der Dunkelheit
Muss verbrennen
In Selbstmitleid

Lach mich nicht aus
Ich leide sehr
Hilf mir hier raus
Ich kann nicht mehr

VERZEIH

Kannst Du mir verzeihen
mir tuts ehrlich leid

Ich wollte nicht schreien
Will nie, das man schreit

Lieber verschweigen, was tief in mir ist

Lieber ertragen, was untragbar ist

Wurde erzogen
Als Kind ohne Mund

Wurde belogen
Oft ohne Grund

Bitte verzeih mir und sei wieder gut

Ich werd wieder schweigen

So weh es auch tut

DER BRIEF

Der Morgen war so wunderbar
Vorfreude auf ein Fest

Ein Brief machte mir grausam klar
Das er nicht locker lässt

Der Krebs,

     er klopfte an die Tür

So grausam und so hart
Leider kam er nicht zu mir

     Dir hätt ichs gern erspart

DER WEG

Alles war bestens wäre gelogen

Wir gingen nicht immer geradeaus

Sind oft auch mal falsch abgebogen

Machten Fehler und lernten daraus

Gemeinsam sind wir grau geworden

Vertrauen hat uns stark gemacht

Wir haben keine Angst vor Morgen

    Gehn miteinander in die Nacht

ENGEL

Engel gemacht und doch selbst noch ein Kind
Allein gelassen, wie grausam sie sind

IWollte es nicht, hab leise geschrien
Trotzdem hab ich mir niemals verziehn

Ging diesen Weg, er war illegal
Ganz allein, hatte keine Wahl

Keine Namen - Geld und gut
Woher nahm ich nur den Mut

Nur ein kurzer, stechender Schmerz
In Wahrheit brach es mir das Herz

Verdrängt hab ich es - irgendwie

Vergessen werde ich es nie

VERGESSEN

Du hälst ihre Hand,
        sagst ich liebe Dich
Sie lächelt dich an, doch sie hört dich nicht

Du hättest noch so viele Fragen
Wolltest ihr noch so vieles sagen

Du streichelst zärtlich ihr Gesicht
Sie lächelt dich an

        und erkennt dich nicht

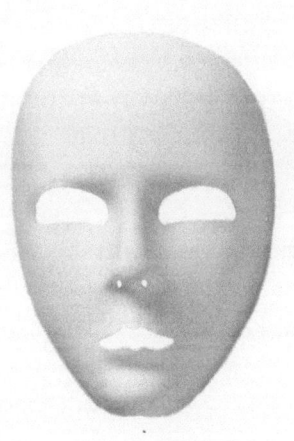

BESTE FREUNDIN

Freundin
          hast du dich genannt
Ich vertraute dir

Irgendwann hab ich erkannt
Du kamst nicht zu mir

Deine Rolle — böses Spiel
Hatte nicht viel Sinn

Diesmal kamst du nicht ans Ziel

Ehebrecherin

WARUM

Schlimm

    eine Kinderseele zu brechen

Was kann schlimmeres geschehn

Schlimmerer

    ist es auszusprechen

        Warum nur hat SIE nur zugesehn

GEDANKEN

Denken -
        niemals bis zum Ende

Die Seele hält den Schmerz nicht aus
Auswege versperren Wände
Das Labyrinth lässt keinen raus

Könnte man die Mauern brechen
Die aus Angst gestapelt sind
Einmal nur darüber sprechen
Bevor noch mehr Zeit verrinnt

Müsste man den Knoten lösen
Wär das eine Möglichkeit
Oder würde man entblössen
Was man ewiglich bereut

                Denken - bis zum Ende

ABSCHIED

Für immer

Warum Du

Du wirst mir fehlen
Egal, wo Du bist
Es gibt keine Antwort
Es ist, wie es ist

Hab nur noch Dein Foto im Rahmen stehn
Und Hoffnung,
          das wir uns mal wiedersehn

LIEBE

Die wilden Jahre sind vergangen
Die Zeit mit Dir verging im Flug
Geblieben ist mir mein Verlangen
Von Dir bekomm ich nie genug

Auch mit den silbergrauen Haaren
Und vielen Falten im Gesicht
Sind die Gefühle wie sie waren

Wir lieben uns -
                    mehr will ich nicht

LEZTER WUNSCH

Lass mich unser Ende träumen

Manchmal werden Träume wahr

Nichts gibt es mehr zu versäumen

Alles, was ich will, ist klar

Bis zuletzt an Deiner Seite

Irgendwann gemeinsam gehn

Dann zuletzt mit Dir ins Feuer

Und in alle Winde wehn

TRAUM

Ein Engel war heut Nacht bei mir
Hat mich im Schlaf bewacht

Am frühen Morgen bin ich hier
In Deinem Arm erwacht

War es ein wunderbarer Traum
Wo ist der Engel hin

Ein wohlbekannter Duft im Raum
Macht das ich glücklich bin

TREUE VERSPRECHEN

Du musst nicht treu sein

Ein ganzes Leben

Einfach nur ehrlich

Ich kann vergeben

UNSERE INSEL

Traumhafte Insel im Mittelmeer
Strände endlos weit
Danach sehne ich mich sehr
Wunderschöne Zeit

Türkisblaues Wasser im Sonnenschein
Heisser Wind weht durch mein Haar

Romantische Nächte mit Dir allein
Weiter Himmel - Sternenklar

Ich schmecke das Salz auf Deiner Haut
Spür den warmen Sand an mir

Orient - und doch so vertraut
Stille Einsamkeit mit Dir

FREUDE

Wunder des Lebens - Mutter werden
Ständige Sorge um Dich -
                    in mir

Endlich der grösste Tag auf Erden
Du willst auf die Welt und ich helfe Dir

Ängste weichen dem Ereignis
Werden einfach ignoriert
Ich weiss jetzt was wahres Glück ist
Denn das Wunder ist passiert

Halt Dich fest in meinen Armen
Tränen fliessen hemmungslos

Leise sag Deinen Namen

                STEFAN

                    Lass Dich nie mehr los

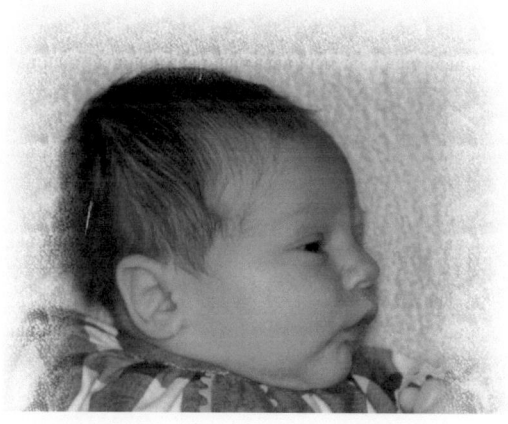

EWIGE LIEBE

Sie sitzt am Fenster
Schaut in den Garten
Tag für Tag

Sie schaut heraus
Und sie wird warten
Jahr für Jahr

Man sagte es ihr
            Sie lächelte nur
Eine Liebe für ewig
            So war der Schwur

Sie schaut aus dem Fenster und muss nun gehn
Sie weiss sie wird ihn bald wiedersehn

TRITT INS HERZ

Ich war ein Teil aus deinem Herzen
Vertraute dir so vieles an
Wie konntest du mich so verletzen
Was hab ich dir denn nur getan

Vertrauen ist wie eine Waffe
Du hast sie gegen mich benutzt
Ich hatte sie dir einst gegeben
Glaubte dir und deinem Schutz

Warum konnt ich mich nicht wehren
Unbeschreiblich - dieser Schmerz
Kanns bis heute nicht erklären
Es war wie ein Tritt ins Herz

SONNE

Unsichtbare Sonnenstrahlen
Wärmen zärtlich meine Haut

Haben meinen Seelenqualen
Das Novembergrau geraubt

All die vielen Wintertränen
Kalt und voll Melancholie
Das Gefühl
　　　　　　nach Sonne sehnen
Endlich wieder Harmonie

Sonne, sende deine Strahlen
Endlich wieder erdenwärts

Lass sie helle Bilder malen
　　　Allen Menschen in das Herz

OMI

Denk ich an schöne Kinderzeiten

Dann fällt mir Oma Lene ein
Sie liebte mich am allermeisten
Ich war ihr kleiner Sonnenschein

Nicht oft, doch immer Freudentage
Erlebte ich, wenn Omi kam
Sie war für mich das Allerbeste
Zu früh als man sie von mir nahm

Sie, die mich so oft bewahrte
Vor dem Bösen was geschah
Die Geheimnisse verwahrte
Plötzlich war sie nicht mehr da

Hingerafft von Krebs und Schmerzen
Ohne einen letzten Kuss

Unvergessen tief im Herzen
       Nun ein allerletzter Gruss

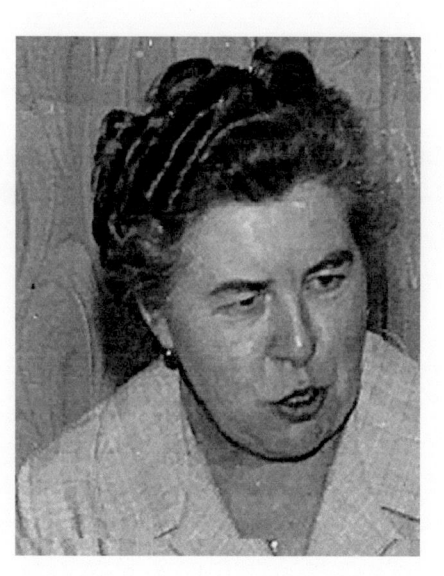

DER FREUND

Ein Händedruck
Ein Wort das gilt
Ein in die Augen schaun
Ein guter Mensch, der ehrlich ist

Ein Freund

Einfach
        Vertrauen

FREUNDINNEN

Nein,
Das trifft es nicht

Wahrhaftig, vertrauensvoll und ehrlich

Stets in Sorge - ist alles gut

Das ständige Reden - für uns entbehrlich
Nur selten, dafür intensiv - absolut

Wir wissen, wo einer den anderen findet

Es ist

Freundschaft,
            die uns für immer verbindet

SUDDEN DEATH

Die Gedanken voller Trauer

Seelennarben bluten rot

Graue Tage werden grauer

Machst mir Angst

        Plötzlicher Tod

UNBEKANNT

Habe Dich noch nie gesehn
Nur Deinen Blog gelesen

Konnte jedes Wort verstehn
Als sei´s von mir gewesen

Kenne Dich nur kurze Zeit
Doch ein Gefühl in mir
Gibt mir feste Sicherheit
Darum vertrau ich Dir

Lese Dich fast jeden Tag
Du hast so viel zu geben

Eine Art, die ich gern mag

Schön, Dich zu erleben

LIEBE
AUF DEN ERSTEN BLICK

Blicke sprechen
Ohne Worte
      Singen eine Melodie

Augen sagen
Komm ertrinke
      Dieses Lied vergisst Du nie

LICHT

Im grössten Leid

    Verzage nicht

Irgendwo

    Da brennt ein Licht

ABSCHIED

Es war sein Weg

Wollte ihn nicht gehn

Es war sein Wunsch

Konnt es nicht verstehn

Abschied tut weh

Ihm war es egal

Freunde ade

Hab keine Wahl

 Nun sei still und folge blind

Schweige - undankbares Kind

ALKOHOL

Fröhlich sein - das Leben lieben

Mit dir manches Glas geteilt
Bist ein guter Freund geblieben
Wenn die Nacht bei mir verweilt

Wenn die allerletzten Gäste
Lange heimgegangen sind
Trinken wir zu zweit die Reste
Bis der neue Tag beginnt

Fröhlich sein - das Leben lieben

Gerne schenk ich ein Gläschen ein
Aber nur mit wirklich Lieben
Und nicht mehr mit mir allein

DOMINO

Manchmal kann ein kleines Wort

Lieb und nett gemeint

Nur gesagt am falschen Ort

Machen, das man weint

Unverständlich - irgendwo

Falsch weiter gegeben

Wirds zu einem Domino

Und zerstört ein Leben

ZEIT

Alles, was ich kann
Gäbe ich dafür

    Das ich irgendwann
    Dich noch einmal spür

Einen Augenblick
Fragen wies Dir geht

    Hab es nie getan
    Jetzt ist es zu spät

Dich noch einmal sehn
Nur ein wenig Zeit

    Dann lass ich Dich gehn

        In die Ewigkeit

MASKENBALL

Manchmal würd ich gern

Masken von Gesichtern reissen
Einmal ehrlich sehn
Wie die Leute wirklich heissen

Manchmal würd ich gern

Hinter die Kulissen blicken
Endlich mal verstehn
Wie die Uhren wirklich ticken

Manchmal würd ich gern

Wissen - oder nicht
Ist mein Spiegelbild
Wirklich mein Gesicht

BITTE

Sei immer ehrlich

Immer Wahr

An meiner Seite

Für mich da

Lass mich vertrauen

Glauben an Dich

Du
      Meine Liebe

enttäusch mich nicht

MIT DIR

Im Gesicht gelebte Falten

Alle sind ein Teil von Dir

Bitte, lass sie mich behalten

Lebensfalten

Lebt mit mir

KIND

Du bist Du
　　　　Du lebst Dein Leben

Kann ich nicht, das gibt es nicht
Niemals hast Du aufgegeben
Liebst Vergnügen - kennst die Pflicht

Ich bin stolz, dass ich Dich habe
Hast mein Leben reich gemacht

Zwar nicht immer einer Meinung
Haben trotzdem oft gelacht

Und nach vielen guten Jahren

Sag ich Dir
　　　　ich liebe Dich

Dank für alles, was wir waren

Liebes Kind
　　　　Vergiss mich nicht

PERLEN

Ereignisse im Leben
Aneinander gereiht

Vieles vergeben
Manches bereut

Schicksals Perlen
Edles Geschmeide

      Erinnerungen

Tränen aus Seide

WORTE

Schreie
Aus der Seele befreien

Leben - Erfahrungen verstehen

Nicht schreien

Schreiben - Worte sehen

Schmerzen gehen - Narben bleiben

Weiterleben

RECHT

Du hast mich gezeugt
Das war dein Recht
Darum lebe ich

Du hast mich misshandelt
Das war dein Recht
Darum bin ich hart geworden

Du hast mich betrogen
Das war dein Recht
Darum bin ich misstrauisch geworden

Du hast mich abgelehnt
Das war dein Recht
Darum bin ich traurig geworden

Du bist gestorben
Das war dein Recht
Darum bin ich frei geworden

Dein Unrecht begraben
Das ist mein Recht
Darum ist endlich Frieden in mir

DAS LETZTE WORT

ist
Schweigen

Monika Tillert
Sandstedt
Germany
monikatillert@t-online.de